금성에서 의성으로

금성에서 의성으로

발행일 2022년 11월 22일
지은이 심재황
발행인 심재황
발행처 나리북스
출판등록 제2022-000003 (2022년 02월 08일)
주소 경기도 군포시 고산로 677번길 34, 1324동 1303호
대표전화 031-424-6692
ISBN 979-11-979286-1-1 03800

ⓒ 심재황 2022
본 책 내용의 전부 또는 일부를 재사용하려면 반드시 저작권자의 동의를 받으셔야 합니다.

금성에서 의성으로

심재황 제4시집

도서출판 나리북스

작가의 말

해 떠오르는 동쪽은 언덕을 오르는 길입니다. 금성산과 비봉산 둘레 곳곳에 작은 저수지와 웅덩이 있으며, 물방울이 모이고 모여서 쌍계천 이루고 있습니다. 어느 때는 큰 강이 흐르지 않았는지 짐작이 됩니다.

오로 고개를 넘어가면 의성 고장이 보이는데, 아홉 봉오리 아래로 흐르는 큰 냇가는 한참 아래에서 쌍계천과 만나게 됩니다. 그리고 저 멀리 사곡 지역 고개에서 나오는 시냇물이 문소천 인데 잘 알려지지는 않았습니다. 마을 마을에 스며들다가 읍내 큰 냇가로 나가게 됩니다.

옥산 고장 어디를 가더라도 넓은 들에도 사과밭, 그리고 좁은 골짜기에도 사과농장이 가꾸어져 있습니다. 그리고 그곳을 흐르는 작은 시내들을 암벽에 고인 미천으로 모여들지요. 점곡 고장 너른 들판 여기저기 지나며 더 넓어지고, 북쪽 재랫재 아래 단촌 마을에 이르면서 기차길 따라서 더 북쪽으로 흘러나가지요.

금성산과 비봉산 줄기는 의성 아홉 봉오리 구봉산으로 이어지고, 그 옆으로 황학산까지 이어지면서 수많은 저수지와 웅덩이 그리고 아름다운 물줄기만큼이나 크고 작은 이야기가 남겨 있을 거예요.

다니면서 들려오는 이야기는 아니라도, 지나가면서 바라보는 이야기도 아름답게 여겨질지도 모르겠어요.

금성산 비봉산 돌고서, 아홉 봉오리 보고 나서, 미천 들판을 지나며,

심재황

차 례

1 부. 금성산 쌍계천 흐르고

산 너머 들판 … 13
오로 고개 … 14
참깨 다발 세우고 … 5
오층 석탑 … 16
쌍계천 왕버들 … 17
쌍계천 장마 … 18
쌍계강 뱃놀이 … 19
석탑그림자 … 20
빛나는 금성 … 21
석탑 보는 곳 … 22
마늘 파종 밭 … 23
치마 두른 계곡 … 24
아름다운 금성 … 25
쌍계 강물 … 26
납작한 산소 … 27
토현 저수지 … 28
할아버지 걸음 … 29
사과나무 일과 … 30
산운 마을 옛집 … 31
사미리 고인돌 … 32
옛집 안채 … 33
금성 왕릉 … 34
가련한 소치 … 35
작은 시골 거리 … 36
달무리 보며 … 37

가을 밭 작물 … 38
가을 해바라기 … 39
사로국 가는 길 … 40
봉양(鳳陽) 도리원 … 41
도리원(桃李院) 아침 … 42
선교회 뜰 … 43
화전 둑길 … 44
화전 냇가 … 45
복숭아 자두 마을 … 46
고산마을 자두밭 … 47
의성 시장은 장날이고 … 48

2 부. 아홉 봉오리 아래 문소천

구름 소식 … 51
동서길 지나가며 … 52
동서마을 도라지 … 53
문 닫은 약초방 … 54
동서마을 아침 … 56
마을 강아지 … 57
길가 이층집 … 58
길가 모퉁이 … 59
기울어진 철문 … 60
기차역 큰 길 … 61
비어진 벤치 … 62
사라지고 늘어나고 … 63
문소천 동련사 … 64
빠른 말씨 … 65
의성 마늘 맛 … 66
빗살 빗줄기 … 67

비 내림 휴식 … 68
늦은 밤 가을비 … 69
새벽 가을비 … 70
일층 가을꽃 … 71
읍내 상가 … 72
시내 둘레길 … 73
문소 개울 달빛 … 74
골목 까치 … 75
문소천 물길 … 76
둔덕산 저녁 길 … 77
사라지는 마을 … 78
햇땅콩 … 79
김치 메시지 … 80
맷돌 호박 … 81
가을 큰 잎사귀 … 82
가로등 낙엽 … 83
앙상한 밤나무 … 84
행사장 구경하고 … 85
부대끼고 … 86
까치 날아가고 … 87
밭두렁 서리태 … 88
홍접초 … 89
아홉 봉오리 … 90
성냥공장 가는 길 … 91
성냥을 긋고 … 92
성냥 불꽃 … 93

3부. 암벽 아래 미천 흐르고

초가을 비 … 97

산 넘는 길 … 98
재랫고개 … 99
단촌역에 모이고 … 100
뜨거운 단촌 장터 … 101
단촌역 기차 소리 … 102
단촌 관덕동 추원재 … 103
단위농협 창고 … 105
추원재 담장 … 106
단촌 들판 … 107
단촌 관덕동 삼층탑 … 108
마르는 고추 … 109
고운사 가는 길 … 110
고운사 황토길 … 111
고운사 걷는 길 … 112
빗질한 길 … 113
허기진 길 … 114
옥산 사과길 … 115
녹색 사과 … 116
오류리 골짜기 … 117
시들어진 배롱나무 … 118
사곡마을 사과길 … 119
옥산 사과밭 … 120
맑은 옥산 … 121
오류류 느티나무 … 122
갓골 새들 못골 … 123
점곡면 가게 할머니 … 124
작은 저수지들 … 125
시든 칡넝쿨 … 126
물들고 차갑고 … 127
기다리는 사과 … 128

1부. 금성산 쌍계천 흐르고

산 너머 들판

산들이 내려앉은 들판에
큰 물줄기 파르게 흐르더니

거침없이 드리운 누런 들판이
찬란히 빛나네

층층 마다 높은 곳은
푸르게 우거진 수풀인데

산골 사이를 비집고 들어온
바둑판 다랑논인데

층층 마다 낮은 곳은
금빛으로 깔려 있네

오로 고개

남대천 끼고 가다가
다리 건너가면
산으로 막혀 있지만

오로길 넘어가면 금성인데

오로 고개 비스듬히 넘어가도
마을은 보이지 않고
산길 굽이마다 산소 모셨는데

산소 앞에는 어김없이
텃밭 가꾸었는데

마을은 어디에 있는지
이름 없는 저수지 있으니
그 아래 마을 있겠네

참깨 다발 세우고

다발을 아래 세 갈래로 나누고
머리를 하나로 묶어서 세워요

죽 이어서 세우면
참깨 다발은 터널이 되는데

앞줄 푸른 터널은 어제 세웠고
뒤쪽 갈색 터널은 지난주 세웠고

잿빛 터널은 여물었으니
오늘 도리깨질하여 털어내요

한쪽에 쌓여 진 흙빛 무더기는
어제 두드리고 두둘겨서
성겨낸 더미인데

어찌나 다졌는지
바람에 날리지도 않아요

오층 석탑

금성산 내려가서
마지막 언덕에
한층 더 언덕을 쌓았는데

검은 바위로 테를 두르고
푸른 소나무 호위하고
회색돌 오층으로 올렸네

저 아래 쌍계천 바라보며
저녁 햇살에 받는데

천년을 넘기더니
검은 빛으로 물들어가네

쌍계천 왕버들

늦은 장마에
억새 쓰러져도
왕버들 여전하네

초가을 바람에
억새는 일어서는데

왕버들 잎사귀는
한낮에도 시들어가네

쌍계천 장마

얼마나 비가 쏟아졌기에
저 넓은 강에 억새는
한결같이 쓰러졌나

금성도 그러하니
빙계 아래 냇가에서
산마천 어귀까지
성하지 않은 곳이 없네

쓰러진 억새는
강물은 덮고서
갈색으로 변해가네

쌍계강 뱃놀이

가을밤이 밝아오면
쌍계 물빛 밝아지고
여기저기 배를 띄워
밤새도록 유람하네

조문왕국 능원 아래
나루터는 화려하고

달빛 타고 오르면서
바람 타고 내려가네

물고기는 비켜주고
은빛 갈대 비춰주네

석탑 그림자

빛나는 고장이라서
금성이라는데

금성산 바위 날라서
왕릉을 덮고서

비봉산 절벽 바위로
석탑 세웠는데

금성산 햇살 받으면
석탑 그림자는
쌍계천까지 비춘다지

빛나는 금성

석탑은 검다고 하던데
저녁해 받으니 붉어지네

비봉산 절벽도
한 층은 희고
한 층은 검지만

저녁해 받으니 점점 붉어지네

아침 햇살에 붉어지고
저녁 빛에도 타오르니

그래서 금성인데
달빛에도 빛나겠네

석탑 보는 곳

언덕 위 오층 석탑은
금성산을 뒤로 하고
한 발치 아래 빗겨 서서

쌍계천 내려보며
그 건너 벚나무 지나서
쌍계 절벽을 마주하네

아침 빛은 쌍계 절벽
저녁 빛은 오층 석탑

마늘 파종 밭

가을 채소 시작하는 시기여서
밭갈이 정갈히 하고서
도랑과 둔덕을 다듬고서
까만 부직포 줄지어 덮었기에

배추 대파 무 알타리
씨앗 뿌리는가 했는데

밭이랑 넓어서 평평하고
부직포 구멍이 조밀조밀 하니

가을 채소 파종이 아니고
마늘 종자 심고 있네

여기저기 밭갈이 하며
겨울 농사로 들어가네

치마 두른 계곡

금성산이나 비봉산이나
바위 치마 두르는데

겹겹이 두르고 둘러서
한 띠로 이어졌네

계곡물을 치마폭 곳곳마다
감싸고 품었다가
아끼고 아껴서

조금씩 아주 조금씩
수정계곡으로 흘려보내는데

용문지 둑에 모여서
검푸르게 갇혀 있네

아름다운 금성

쌍계천 흐르는 금성이
얼마나 아름다운지 보려면

금성산 바라보며
비봉산 가는 길로
천천히 들어가 보아야 하지요

잠시 후에 다시 내려오면
서쪽 하늘이 드높이 펼쳐지고
길가에서 걸음을 멈추게 되어요

저 멀리서 퍼져 나오는 빛은
서서히 그 너머로 사라지는데

그래도 가련한 빛이 남아요
그런데 내가 가련한가요

쌍계 강물

한때 넘실대던 강물은
어디로 빠져나갔나

강물 타고 오르고 내리던
돛배들도 사라지고

남쪽 발길 이어주던
나룻배도 사라졌네

강물은 빠져나가고
쌍계천 되었으나
넓은 강폭은 그대로네

납작한 산소

어디를 가더라도
샛길 옆에 산소 있고
큰길 건너 산소 있고
밭길 위에 산소 있고
먼 산에도 산소 보이는데

이제 납작납작 하네요

처음에 다져져서
봉긋 봉긋 하였건만

오랜 세월에 흙조차 삭아들어
납작하게 업드렸는데

한 세월 더 지나가면
땅 위에 누워버리겠어요

토현 저수지

깊은 산속도 아니기에
의젓한 마을도 없는데

이렇게 웅장한 축대를 쌓았네

금성산 품은 물은
북쪽으로 솟아나고

오토산 스며든 물은
동쪽으로 솟아나서

토현 저수지에 담겨서
거대한 호수 이루었네

저 아래 광활한
토현 들판을 적시면서
사곡 물길 만나겠네

할아버지 걸음

오토 산속 만다골에
아침 햇살 퍼져드니

만천 마을 길가에서
할아버지 걸으시네

일찌감치 거둬들인
벼이삭을 말리는데

멍석 위에 펼쳐놓은
벼이삭을 뒤집는데

굽은 허리 뒷짐지고
느릿느릿 걸으시네

맨발 길로 밟으면서
맨발 길로 헤치시네

얼굴 빛은 새카만데
벼이삭은 샛노랗네

사과나무 일과

고구마 파헤쳐지고
고추대 잘리고
들깨 줄기 베어지고

서리태 거두어도
벼 다발 잘려도

사과나무는
바라보기만 하네

한낮 따가운 볕 쪼이고
한밤 찬 이슬 맞으며
하루 종일 바라보기만 하네

산운 마을 옛집

너른 안마당에
호박 넝쿨 덮여 있고
들깨 줄기 촘촘히 자라네

돌담 따라서
감나무 기대고
무거운 대추는
담장에 턱을 고이고 있네

옛집은 인적이 없이
비어서 고요하기만 하네

사미리 고인돌

비봉산 천애 낭떠러지는
어찌나 가파른지
수만년이나 그대로인데

세상에 변고 생겨서
검은 바위 한 조각 떨어지면

동남쪽 계곡으로
모질게 구르고 구르다가

사미리 마을로 내려앉아
한 조각 고인돌 되었네

옛집 안채

기와가 낡으니
처마는 헐어지고

사랑 창호지 삭아지고
창문틀 벌어지고
문고리 녹슬었네

굴뚝 연기 오래 끊어져
굴뚝 지붕 무너지고

사방 담장 사라지니
고양이들 드나드는데

뒤뜰 너머 향나무는
오래도록 창연하네

금성 왕릉

문소공주 가신지도
한해 한해 이천년

산속 수풀에 가려서
달빛 별빛 받아오며
천년 하고도 수백년

조문왕국 사라지고
금성궁궐 사라져도

금성 백성 손길손길
봉분으로 남아있네

가련한 소치

무얼 준다기에
무슨 말을 들었기에

어릿다운 소치는
순장되어 묻혔을까

무슨 심정으로 묻혔을까

그날 밤에 숨지면서
마음에 둔 비봉이를 생각하며
얼마나 애절했을까

그립고 슬퍼서인지
왕릉에서 벗어나서
작약으로 피어났을까

(소치 : 금성 왕릉에 순장된 소녀)

작은 시골 거리

시골 마을은 작을수록
장터 거리를 돌아보면
방아간 기름방 중화요리 다방 있어요

한 골목 들어가면
국수집 이발소 미용실 점보는 집 있고

다음 골목으로 가면
교회 종탑 기차역 보이고

집집마다 담장은 있으나
대문은 허술하여서
안마당이 들여다보이죠

마당에 매여있는 개들은
나그네를 쳐다보고서도
짖어대지도 않아요

달무리 보며

동쪽 하늘에 달무리 보여요
겨우 반달인데
달무리 끼었어요

이틀 동안 비가 왔는데
또 비가 내리려는지

어두운 밤하늘에
먹구름 드리우기 미안한지
달무리 슬며시 비추네요

가을 밭 작물

들깨 베어지고
벼 포기 잘려지고

고구마 파헤쳐지고
서리태 털려지고

감은 떨어지고
밤은 흩어지고
잡초는 깎여지는데

가을 채소는 자라는데
배추는 무성하고
무 잎사귀 퍼지며

알타리 뿌리 올라오고
대파도 솟아오르고
부추도 덩달아서 시퍼렇고요

가을 해바라기

작은 해바라기는
햇살을 따라가지 않아요

가을 햇살이 따가운가 보아요

크지도 않은 얼굴이
따가운 햇살에 그을릴까봐
햇살을 외면해요

줄기와 잎사귀 검게 시들어가니
따가운 햇살을 쳐다보기가
어려운가 보아요

사로국 가는 길

해 떠오르는 사로국은 밝게 빛난다는데
서라벌 왕궁은 가을 햇살처럼 빛난다는데
사로국 가는 길은 멀기만 하네

저 멀리 금학산 바라보며
너른 들녘을 천천히 지날 때
쌍계천 억새 숲은 은빛 수실을 흔들었지

양지마을로 내려가고 좁은 길 돌아가니
차가운 얼음골에 다다르게 되겠네

멀리 북두산 봉우리는 줄지어 가파른데
매봉산 돌길을 힘들여 넘어야 한다는데

아미산 저녁 해는 쌍계천 벌판을 비춘다지
사로국 가는 길은 멀기도 하네

(그곳을 지나가면서, 도서출판 청어, 2022)

봉양(鳳陽) 도리원

봉황이 어디에 있나 했는데
선방산 자락에서
새벽에 닭 우는 소리 들리니
도리원 마을에 있겠네

봉황이 사는 곳에
온종일 막힘 없이 밝으니

그래서 봉양 고장이네

도리원(桃李院) 아침

새벽이 밝아서 나가보니
선방산 고옥히 내려앉고

쌍계천 은근히 흘러서
절벽 치며 돌아 나가는데

화전 냇가를 따라서
먼 길을 이어주면서

도리원 마을이
포근히 자리 잡았네

선교회 뜰

도리원 화전 물가 언덕에
아담한 선교회 뜰에는
장로님 손질하시는데

오늘이 푸르고 맑아서
노란 국화는 샛노랗고

파라칸서스 가지마다
주황색 구슬로 뒤덮여서
가을빛으로 눈부시네

화전 둑길

화전 냇가 둑길에는
복숭아나무 줄지어 있는데

도리원 어린이들은
둑길 걸어가며

복숭아나무 바라보며
꿈이 자라겠네

이른 봄에
복숭아 꽃 피어나면
연분홍 꿈꾸며 자라겠네

화전 냇가

도리원 화전 냇가 둑길 걸으면
복숭아나무 줄지어 있는데

그 사이에 드믄 드믄
붉은 산수유 열매 보이고

맞은편 시퍼런 물웅덩이는
암벽에 담겨 있어서

물오리 다섯 마리
조용히 깃털 손질하는데

고라니 한 마리
갈대 뒤집고 뛰어나가네

복숭아 자두 마을

도리원 마을에서
선방산 가는 길 따라서

탐스럽게 매달리던 복숭아
이제 기다란 잎사귀
시들어가고

쌍계천 길 따라서
알차게 매달리던 자두
이제 갸름한 잎사귀
시들어가네

고산마을 자두밭

굽이굽이 흐르는
쌍계천 다듬어서
논을 일구고

밭을 일구어서
자두를 심었는데

고산마을 자두는
과일 중에서 으뜸이고
향기가 만리까지
퍼져나간다고 하네

의성 시장은 장날이고

좁은 길이 혼잡하다 했는데
의성 시장에는 장날입니다

문 닫은 양쪽 상가 앞에는
이쪽 골목에서 저쪽 구석까지

할머니 아주머니들이 자리 잡고서
바구니 소쿠리를 펼치셨어요
텃밭에서 다듬은 채소
동산에서 뜯어낸 산나물을
한 무더기씩 담아서 늘어놓았어요

점심시간이 훨씬 지나서
이제 몇 시간 지나면 파장할 텐데

소쿠리 바구니마다
팔리지 않은 채소와 산나물이
아직 수북하게 쌓여있어요

모여들었던 구경꾼들은
큰 길로 빠져나가고 있는데
사고파는 흥정 소리 점점 조용해지면

팔리지 않은 채소와 산나물을
다시 담아 가지고 돌아가야 하지요

봄날 장터에 나온 걸음이 무거웠는데
다시 돌아가는 걸음도 무거워지겠어요

1부. 아홉 봉오리 아래 문소천

구름 소식

하늘이 드높고 새파라면
멀리서 소식이 오네요

그곳 하늘에도
구름이 높이 떠 있어서
소식을 보낸대요

구름이야 언젠가 여기로 오겠지만
먼저 소식을 보내는가 보아요

떠가는 구름은
가는 길에 사라지기도 하니까요

지금 그곳으로 간다고 해도
떠오른 구름은 볼 수 없겠어요

여기 파란 하늘에다가
무슨 소식을 전하지요

동서길 지나가며

읍내에서 갈라져 나온 동서길은
넓지도 길지도 않은데

이발관 목욕탕 구멍가게
여전히 길가에 남아있고

텃밭 딸린 약초방은
난간에 희미한 글씨만 남아있고

옆집 글방 표시는
왜 그런지 떨어져 없어지고

넓혀진 길가에 큰 기와집은
대문과 담장 무너져 내려서

안마당 사랑채 우물터 뒤뜰 감나무
그대로 드러나 보이네

동서마을 도라지

그 밭에는 도라지 심었는데
봄비 내리면서
연초록 줄기가 줄지어 올라오며

여름비 흠뻑 맞으며
보라색 몽오리 내밀고
하얀 몽오리 흔들리는데
아주머니는 잡초를 뽑아내셨지

그 길을 지나갈 때
도라지에 섞여 있던 잡초는
그 길을 돌아올 때
밭 둘레에 수북이 쌓여있었지

이층집 계단에서 내려다보면
한밤중에도 도라지꽃 보였지
연보라 진보라 새하얀 몽오리

문 닫은 약초방

옆집 마당에 널어놓은 약초는
밭에서 뽑았고

줄에 매달아 놓은 약초는
산에서 캐왔고

헛간에 쌓아 둔 약초는
어디에서 싣어왔는데

저녁에 약초 냄새가 은근히 풍기다가
한밤에는 바람 없어도 진하게 퍼져요

옷에도 얼굴에도 머리에도
약초 냄새 배어들어서
언제나 빠져나가기만 바랐어요

이제 약초방 문 닫은지도
십년이 더 넘어가는데

빛바랜 벽에는 낙서만 남고
처마 아래 약초방 표시는
검은 글씨로 희미하게 보이는데
약초 향은 퍼져나지 않아요

그런데 그때 약초 냄새는
말끔하게 사라지지 않아요

어쩌다가 이곳을 지나가면
여전히 어디엔가 배어있어요
마음 속에서 배어나와요

동서마을 아침

둔덕산 서당골 저 아래로 내려가면
동서마을 아늑한데

동쪽으로 첫 번째 마을이기에
단지박골에서 흘러오는 개울을 따라서
아침이 이르게 들어오지요

새벽 바람 타고
산 안개 내려오고
차가운 이슬도 굴러오고

그 사이로 햇살이 비추는데
동서 마을 작은 길을 따라서
읍내 큰길로 나가지요

마을 강아지

동서길에는 두세 집마다
강아지 한 마리는 있었는데

멍멍이 백구 땅딸이
검둥이 누렁이 얼룩이
토리 어정이 살살이 꺼벙이

생긴대로 이름을 부르는데
아이들 별명으로 부르기도 했어요

저녁에 아이들은 보물찾기 놀이하며
골목길을 뛰어다니면
강아지들도 덩달아서 흥분했어요

동서길 점점 넓혀지고
골목길 담장이 높아지면서
강아지들은 밖으로 나오지 않아요

어쩌다가 담장 안에서
한 마리가 컹컹컹 짖으면
다른 집 강아지도 워워워 짖으며
이름을 불러대기도 했는데

이제 강아지 소리 들리지 않아요
동서길에서 짖어대던 강아지들은
한밤중에 어디로 가버렸나 보아요

길가 이층집

길가에 바싹 붙어 있기에
마당도 없고 대문도 없어서

길가에서 걸어가다가
바로 문 열고 오르는 이층집이죠

앞에서 걷던 사람이
불연듯이 사라져 버리면
분명히 그 집으로 들어간 것이죠

시장을 오고 가다가
잠시 들어가서 쉬기도 하도
물건을 맡겨두기도 하지요

시멘트 블록 벽돌에다가
미색 페인트 칠한 슬라브집이기에
대단하게 서 있지는 않지만

서당골에서 내려다 보이고
시장에서 올려다 보이지요

이층에 창문이 있는데
동남쪽을 향하고 있는데

멀리 금성산 보이고
그곳 소식을 먼저 들을 수 있어요

길가 모퉁이

동서마을 걷다 보면
꺾어진 길마다
모퉁이 모퉁이 나오는데

옆길 이어지는 모퉁이에
이발소 회전 간판 빙빙 돌아가고

샛길 들어가는 모퉁이에
담장 무너져 내린 빈집이 보이고

골목에서 나오는 모퉁이에는
할머니 앉아 쉬는 나무의자 있지요

글방 이층집 모퉁이에는
벽에 붙여서 가꾸어 놓은
기다란 화단에 햇살 비추는데
구절초에 눈길이 가고
분꽃으로 눈길이 가요

기울어진 철문

문소길 개울에서 향교 오르면
듬성듬성 디딤돌 박혀 있는데

비탈 다듬어서 지어놓은 집들은
점점 기울어져 가네요

틈새 벌어진 녹슨 철문으로
안마당이 훤히 들여다보이니
빗장은 아무 소용이 없고

철문 받치는 무거운 기둥도
한쪽으로 한뼘이나 기울어져
철문을 지탱하기도 버거워 보여요

슬라브 담벼락 한쪽에는
타고 버린 허연 연탄재 쌓여있고
시장바구니 달린 손수레 있는데

그 길을 오르고 내리는 할머니는
무척이나 고단하겠어요

문 앞 텃밭도 가을걷이 손길 부족하여
남아있는 들깨 더미는
허연 서리에 덮여서 처연하네요

기차역 큰 길

기차역 건물이 보이지 않기에
그 길이 아닌가 했는데

새로 지으려고 천막 둘러지고
광장에 오가는 이들 없어서
큰길은 한적하지만

교차로 신호등은 여전히 반짝이고
신호 시간은 여전히 길어서

군청길 시장길 운동장길 문소길
천천히 살피며 지나가네

비어진 벤치

삭은 벤치에는
앉을 사람이 없어요
잠시 쉬어갈 이들이 없어요

젊은이들 떠나고
어르신들도 가시고
말벗도 없으니

마을 입구 벤치에는
앉아 쉬어갈 이들이 없어요

둘레 벗나무는 자라지만
마을 길가에 벤치는
바래고 삭아들어 가네요

사라지고 늘어나고

사람들이 떠나가고
빈 밭들이 늘어나고

마을 빈집 늘어나고
연립주택 늘어나고

과수원이 사라지고
대형마트 늘어나고

빈집들이 무너지니
주차장이 늘어나네

동서마을 줄어들고
이야기도 사라지고

문소천 동련사

개울은 마르고
풀벌레 날아드는데
벌레 소리는 나지 않네

절벽 아래 사찰 대웅전에
불빛이 나오는데

스님은 홀로 앉아
불공을 드리시고

독경 소리 새어나오니
풀벌레들 듣고 있네

빠른 말씨

아주머니 답답하신가봐요
"뭔소리 하노"

아저씨 바쁘시네요
"우째 퍼떡퍼떡 못하노"

아닙니다
그저 나누는 말씨입니다

저녁에 문소천 골목 식당에서
손님 맞이 하는 말씨인데
놀라지 않아도 됩니다

가만히 있어도 아주머니 말씀하시네요
"된장 쪼까 줄까요"

옆 테이블 단체 손님들 신났어요
여성 손님 말씀하시네요
"그냥 싸그리 먹어뿌라"

의성 마늘 맛

매운 것은 마찬가지 이지만
고추가 먼저이고
그 다음이 마늘이어야 하는데

전통시장 점방마다
마늘이 수북하게 쌓여 있고
고추는 구석에 한칸 차지하네요

이 고장 마늘은
매운 맛에 달기도 하다니
정말 그런지는 모르겠는데

이 고장 사람들은
빙빙 돌려서 말하거나
덧붙여서 말하지 않으니

의성 고장 마늘은
정말 그런 맛 일거예요

빗살 빗줄기

빗살이 바람 타고
비껴서 내리면
빗줄기 드러나 보이는데

전나무는 그대로 이지만
감나무는 흔들리고

감잎이 젖어들면
여물지 않은 감들은
우수수 떨어지네

비 내림 휴식

며칠 동안 따사롭더니
작물 거두어 들이느라고
밭 일에 바쁘고

내일은 비가 내리다니
널어놓은 작물을
덮어두고 싸매느라
마당 일을 서둘러요

온몸이 시들하던 차에
내일 하루 쉬기를 바라지요

작물 비 가림막 준비도 했으니
내리는 가을비를 핑계로

하루라도 쉬면서
국수라도 들기를 바라지요

늦은 밤 가을비

한밤중 가을비는 소란하게 내리고
바람까지 타고서 줄기차게 내리네

이틀 동안 내렸으니
오늘 밤에 그쳐야 하는데
초가을 아쉬운지 세차게 퍼내리네

여전히 무성한 나무들도
가만히 비 맞기를 바라지만

비바람이 요란하게 흔들어대기에
빗물을 튕기고 흩날리네

어두운 땅바닥 때리고 튀기며
가을 밤비는 요란하네

새벽 가을비

이맘때 새벽에는
뿌연 안개가 드려져야 하는데
여전히 빗살 드세고 어두움 잡아두네

어머니 안 계신 집이야
걱정은 안되지만

거두어들인 작물은 어찌하겠나
아침에 널어두고
한낮 햇살에 말려야 하는데

거두지 못한 작물은 어찌하겠나
아침에 베어내서
한낮 햇살에 말려야 하는데

가을 새벽 비는
하루 일을 막으며
하루 근심을 열어두네

일층 가을꽃

일층 기다란 꽃밭에
가을꽃이 피었어요

올해는 다른 가을꽃이 피었어요

이층에 계시는 할머니는
올봄에 다른 씨앗을 심으셨어요

일층에 세입자 들어오지 않아서
창문 안이 비어 있어도
가을꽃은 창가에 피어요

누군가 이사 오기를
창문 밖에서 바라고 있어요

읍내 상가

읍내 상가는 일찍 문을 닫아요
가로등은 여전히 켜져 있더래도
상가들은 문을 닫아요

피자와 치킨집은 한창 시작이지만
대부분 식당들은 문을 닫아요

도너스 튀김 코너도 문은 닫았지만
상가 안에 작은 불이 켜져 있는데
사모님은 영업을 정리하고 있어요

한번 지나가고 다시 돌아와서
창문 안을 얼핏 보니까
쟁반에 도너스 튀김이 보여요

기웃거리며 톡톡 두드리니
창문을 열어주시고는

찹쌀도너스 단팥도너스 꽈배기
이것저것 봉지에 수북히 담아주시죠

읍내 상가는 이른 시간에 문을 닫는데
정겨운 마음은 상가 안에 두어요

고마운 마음도 상가 안에 두고서
이른 저녁에 하나하나 불을 끄지요

시내 둘레길

저녁에 혼자 나와보고 싶으면
걸어가면서 길에 빠져들어요

갈래갈래 갈라지는 군청길 지나서
천천히 문소길 걸어요

시장길로 들어가도 좋아요
시장 상가들 있지만
그렇게 혼잡하지 않아요
누군가 만나지는 않을거예요

중간에 동서길로 들어가 보아요
한 골목 한 골목 걸어가도
으슥하지 않아요

어디를 가더라도 문소길 만나요
문소길 끝에서 바람이 불어요

봄에는 산나물 냄새 향긋하고
가을에는 갈색 풀 향기 은은하지요

문소 개울 달빛

문소길 개울에는
달빛이 있어요

달빛이 없다 해도
별빛은 비추고

별빛이 없으면
가로등이 은은하게
냇물에 비추지요

달빛 담고
별빛 담고
가로등 담아서
저 아래 남대천으로 흘러가요

골목 까치

동서길에 까치 소리 들리는데
이쪽으로 휙 날아와야 하는데
저쪽 골목에서 소리만 들려요

잠시 서서 기다려도
소리만 요란하게 들려요

비 맞으며 날아오기 성가시면
가만히 있으면 될텐데
무언가 불편한가 보아요

하루 종일 비 내릴텐데
까치도 인내해야 되겠어요

문소천 물길

문소천은 넓은 냇가 아니기에
세차게 흐르는 물살도
넘실대는 물고기도 없어요

넓적한 바위도
하얀 자갈도
반짝이는 모래밭도 없어요

작은 개울물 흐르며
문소마을 스며들고
동서마을 적시다가

남쪽에서 모이고서
서쪽으로 나가지요

둔덕산 저녁 길

저녁 무렵에
동서길을 지나가면

언덕 골목으로 가다가
둔덕산 오솔길로 이어지고

가파르고 굽은 산길로
천천히 들어가요

나무 사이로 햇살 들어오고
나무 사이로 노을 바라보며
발길을 쉬어요

사라지는 마을

마을에 헌 집 헐고
새집 지어지면
텃밭이 없어지고

토담 울타리 헐고
벽돌 쌓아지면
감나무 대추나무 베어져요

큰집들이 몇 층으로 올라가면
골목길 사라지고
집집마다 남남이 되어요

햇땅콩

언니도 그렇고 누나도 그렇고
별일은 없다는데
얼굴색이 안 좋아요

무언가 불편한 기색이 있고
이따금 초조하기도 해요

그 언니도 누나도
며칠 전 장터에 들렀대요

햇땅콩이 고소하다며
언니는 한 봉지 사고
누나도 한 봉지 사셨어요

그런데 손가락으로 눌러서
껍질을 까고서는 생땅콩 드셨지요

까서 드시고 까서 드시고
고소하게 잔뜩 드셨으니
배 속이 거북하여
얼굴이 찌그러졌어요

볶아서 드시라고 하지만
삶아서 드시라고 하지만
그분들 고집이 땅콩껍질이지요

김치 메시지

김장철은 한 달이나 남았기에
배추값은 곱절이나 올랐기에

김치가 거의 떨어져도
그러려니 하고 기다리지요

그런데 벗님이 메시지 남겨 주시네요

"이번 주에 아무 때나 들러서
열무김치 가져가세요"

"냉장고에 두었으니
맛이 덜 하더라도 그런대로 드세요"

"배추김치도 준비되면 연락 드리겠어요"

그 벗님의 마음씨는
어머님이 하시던 그대로 입니다
하나하나 나누어 주시죠

맷돌 호박

둥그런 늙은 호박은
단단히 익어가는데
쥐들이 파먹었어요

맷돌 호박은 어떤가요

듬직하고 넙적한 호박을
두드리고 줄기를 꺾어내서
줄지어 쌓아 놓았어요

조금 더 여물어야 하니
통풍도 되어야 하는데
쥐들이 지나지 않게 두어요

벗들이 가지러 오기까지
여물어 가기까지 보살펴요

가을 큰 잎사귀

오늘 비 내리더니
이제 가을에 들어서고
올해 여름날은 지나갔어요

오늘 밤비에
큰 잎사귀들 먼저 떨어지고
색깔도 변해 버렸어요

한여름 그늘 드리고 자랑하더니
빗방울에 맥없이 떨어졌어요
또 무슨 준비를 하는가 보아요

가로등 낙엽

가을에 가로등은
낙엽을 비추지요

낙엽은 떨어지며
가로등을 가리지요

가로등에 빗물이 내리면
줄무늬 빛이 내리는데
낙엽은 갈색으로 보여요

앙상한 밤나무

알차던 밤송이 벌어지고
밤 알맹이 흩어져도
푸르고 생생하더니

하루 밤에 빗물에 젖어서
부르르 떨고 나서
잎사귀는 반이나 날아가고
나무가지 앙상하게 남아요

변화해 가는 길에서
그 누가 버티겠나요

행사장 구경하고

천천히 걸으며
남들을 따라가요

여기저기 둘러보며
물건도 살펴보고
행사를 구경해요

새로운 점포 앞에
기다랗게 줄 섰는데
음식에 눈길 가지만
돌아서 지나가요

생소한 행사 앞에
무리지어 모였으니
멀리 서서 구경해요

진열된 물건마다
가격표 들여보고
돌아서 자나가요

부대끼고

나가면서 부대끼고
돌아오며 부대끼고

기다리며 부대끼고
만나면서 부대끼고

들어가며 부대끼고
나오면서 부대끼고

도로에서 부대끼고
주차하며 부대끼고

까치 날아가고

조금 흐린 날에
까치 한 마리 날아가고

아주 맑은 날에
까치 두 마리 날아가니

꼬물이는 혼자서 말해요

가을 하늘을 바라보면
조금 흐려도 아름답고
아주 맑아도 아름답다고

밭두렁 서리태

저 고개 넘으면 금성이 보이는데
삼산리 오산 마을 할머니는
밭두렁에 웅크리고 계시네

따가운 햇볕에 온몸을 감싸는데
차양 넓은 모자 쓰시고
수건으로 목을 감고서
소매 긴 옷 입으시고

길가 밭두렁에서
서리태 다발을 베어내시네

따가운 햇살에
얼마나 더 베어내셔야 할까

몇 사발이나 거두어서
자식들에게 나누어 주실까

내년에도 서리태 심으실까
몇 해나 더 심으실까

홍접초

길가 이층집 좁은 뜰에
새 소식 심었어요

가을바람 불더니
홍접초 피어나는데

골목 바람 일어나니
무리지어서
흔들흔들 흔들리고

하얀색 나비처럼
진홍색 나비처럼

아홉 봉오리

시장 지나서 언덕에 오르면
아담한 집들이 층층이 있는데

성냥공장 향하는 좁은 골목은
답답하지는 않아요

읍내가 내려다 보이고
그 너머에 아홉 봉오리
줄지어 있어요

봉오리 마다 이름은 없지만
서리태 콩깍지처럼
하나에 담겨서
구봉산 이라고 부르죠

성냥공장 가는 길

성냥이 없어졌고
일하는 사람도 없고
나르던 수레도 없지만

성냥공장은 문 닫은 채 남아있고
성냥공장 가는 길이 남아있어요

지금은 산책길이지만
그때는 바쁘게 올라가던 길이었어요

성냥 불꽃처럼
살아가는 길이었는데
이제 불꽃은 꺼져갔어요

성냥을 긋고

새벽에 어머니는
성냥을 그어서
호롱불 밝혀요

새벽에 어머니는
성냥을 그어서
아궁이를 지펴요

동이 트면
호롱불 끄고
아궁이 불도 끄고

빗자루 들고 나가고
지게 지고 나가고
호미 들고 나가고
책가방 들고 나갔어요

성냥 불꽃

성냥공장에는
언제나 불이 나요

아침에도 저녁에도
밤새도록 불이 나요
불이 켜져 있어요

불길이 일어나도
도망가지 않아요
아무도 끄려고 하지 않아요

성냥공장 불꽃은
언제나 활활 타오르죠

성냥개비 불꽃이 사그러져도
밝은 꿈은 타오르죠

3부. 암벽 아래 미천 흐르고

초가을 비

낮 동안 비 내리고
저녁에는 바람도 일어나니
밤이 되어 비바람 불어요

초가을에 비 내리면
추워진다는데

그전에 낙엽 물들어가고
그리고 낙엽 떨어지겠는데

그전에 걱정 시름도
떨어지기를 바라지요

초가을에 비 내리면
왜 그런지 초조해지네요

산 넘는 길

큰 산을 넘어가다 보면
굽은 길이 있다는데

산골 터전 들어가는 길은
어디에 있다고 하지마는

발길 지나간 자취는 없고
쉽게 들어가지 못하기에
검푸른 능선을 바라볼 뿐이네

단촌 재랫재 고개를 찾지 못하면
어디로도 넘지 못하겠네

재랫고개

두루두루 굽이진
깊고 깊은 재랫고개

오르기도 끝이 없고
내려가기도 한없는데

발길이 바쁘기는 하지만
발길이 아프기도 하여서

쉬고 쉬면서 돌아보네
단촌 마을 아늑하기에

단촌역에 모이고

재랫고개 아래 마을로
사람들은 하나 둘 모여드는데

큰 고장 가려고 하화 개울로 모여드네

할머니 할아버지는
이른 아침에 점곡에서 걸어오시고
아주머니 아저씨는
새벽에 옥산에서 오셨네

기차 시간 가까우면
보따리를 이고서
자루를 지고서
가방을 들고서
성큼성큼 언덕으로 올라가는데

잘 다듬어진 향나무는
단촌역 문 옆에서 손님들 마중하고

다듬지 않아도 잘 자란 은행나무는
철길에서 손님을 배웅하네

뜨거운 단촌 장터

햇살이 갓이마산 위로 퍼지고
하화천에 안개 거두어지면
장터길 북적대기 시작해요

국밥집 문을 열면
뜨거운 김이 새어 나오고

방아간 시루에서
더운 김이 새어 나오고

좌판 옥수수 삶은 솥에서도
뜨거운 김이 새어 나오고

할아버지 끌고 오신 황소 입에서
더운 김이 푹푹 나오고

단촌역 기차도
칙칙 김을 뿜으며 지나가는데

장터 뛰어다니던 멍멍이도
헉헉대며 김을 뿜어요

단촌역 기차 소리

기차가 오려면 경적이 울려요
멀리서 미천 냇가 건너오며
우렁차게 경적이 울려요

장터 선술집에서
아저씨 막걸리 반잔 들이키고

하화천 냇가에서
아주머니 빨래 방망이질 멈추시고

단촌 역장님은
깃발 들고 나오시고

동네 아이들은
쥐잡기놀이 멈추고서
강아지 데리고서
단촌역 언덕으로 모여요

단촌 관덕동 추원재

미천 큰 냇가 건너면
관덕리 허목촌 마을 있는데

뒷산 추원재를 가보면
동쪽 한 켠 대문에
문고리 걸려 있으나
돌담장 무너져 있으니
넘어서 들어가면 그만인데

담장 진흙은 비바람에 씻겨지니
박힌 돌들도 비틀어져 삐져나오네

무너지다 남아있는 담장에
얼기설기 얹혀 놓은 기와 조각들도
깨지고 빠져서 군데군데 무너져 내리네

옛날 임진란 때인데
나라를 구하려 창의하셨던 분의
의연하신 뜻도 세월 지나니
이처럼 허술하게 무너지네

차라리 잊혀진다면
이러한 모습으로 초라하지는 않을텐데

잊혀지지 않는다면
누가 부끄러워해야 하는지

언젠가 무너지고 터 마져도 사라지면
부끄러움도 없어지겠지

단위농협 창고

큰 마을에는 큰 길가 개천 근처에
큰 창고 있는데

작은 마을 여러 곳에서 실어 나른
쌀가마 곡식 자루

여러 날이나 채우고 채워도
남을 만큼 큰 창고이지요

일꾼들은 뿌연 곡식 먼지
허옇게 뒤집어 쓰고서도

연신 곡식 자루를
어깨에 메어 나르는데

힘겨운 하루를 잊으려고
흐르는 땀을 닦아가며
소리를 지르며 장단을 맞추었지요

이제 넓은 벽은
사방이 바래고 벗겨지고

커다란 철문은
비틀어지고 닫혀지고
일꾼들 소리도 나지 않지요

추원재 담장

무너진 담장과 주춧돌은
그대로이고

대들보 서까래도
그대로인데

난간과 주춧돌 받침목은
하도 오래 되어서
붕괴되기 시작하네

기둥은 의젓하고
날렵한 처마 맵시는
뒷산으로 날아가네

단촌 들판

벼 이삭은
이슬에 축축하고

마늘밭 관수기는
돌고 돌면서 물을 뿌리네

벼 이삭은
반나절에 말라 들고

마늘밭은
저녁까지 촉촉하네

단촌 관덕동 삼층탑

관덕동 골짜기 삼층석탑 아래
넙적한 큰 돌 그 아래에도
넙적한 작은 돌 누워 있는데

무슨 쓰임인지 알 수 없는데
더 의아한 것은 돌의 색깔인데

이 근처 거무런 회색돌이 아니고
보라색으로 물들어 있는데
어디서 가져온 것인지

탑 마당 계곡 쪽에 심어둔
붉은 댑싸리에서 물들지 않았을테고

마당 능선 쪽에 자라는
적송 뿌리에서 붉게 젖지 않았을테고

어디에서 모셔왔는데
상서롭게 여겨서 깔아 놓았나 보네

마르는 고추

고추줄기 시들어가는데
서리 맞지도 않았는데

고추 지지대는 그대로 두고
뿌리만 뽑아두었기에

고추대는 지지대에 매달려서
마른 막대기가 되어요

고추잎은 하루에 시들어가고
고추는 며칠 햇볕에 말라가요

고추가 바싹 마르면
솎아내어 자루에 담아요

고운사 가는 길

절벽이 줄지어 솟은 냇가 따라서
한참 지나가도

한산한 코스모스 피어난 길
벗나무 물들어가는 길

지나가는 길이
너무 고요하다 보면
곳곳에 허연 절벽인데

새까만 석벽에
이끼 끼고 버섯 달라붙었는데

붓을 들어서
마음대로 칠해 놓은 색깔이네

고운사 황토길

창창히 솟은 소나무 그늘 사이
황토길은

오가는 이들이
밟고 다져지고
반들반들 하여

한사람 한사람 발자국은
남길 수 없네

마음이 무거운 이들도
마음을 내려놓은 이들도

천천히 걷는데
발자국은 남기지 않네

고운사 걷는 길

고운 선생님 걸으신 길인데
신선 되어 가셨으니
발자국 흔적은 남기지 않으셨지

고요한 길 걷고 걸으시며
길 건너 굴러가는
저 다람쥐 보셨고

저 숲 가까이서
딱따구리 쪼는 소리 들으셨겠지

소나무 옆 넓적 바위 앉으니
낙엽이 떨어지고
물길에 떠내려 갔겠지

빗질한 길

일주문 지나가서
천왕문 너머까지
말끔히 빗질하셨네

고운 길 밟지 않고
옆으로 비켜서 걷는데

언덕 위 승가대학원에서
논강 토론 소리 나오는데
범종 울림 되어 잔잔하네

허기진 길

일주문 천왕문 지나며
마음을 비우고서

산세 비스듬히 모셔진
사찰 전각 참배하는데

시간이 지나서 허기지네

다시 천왕문 일주문 나와서
저 아래 소나무 황토길 아득한데
기운 떨어져 서두르지도 못하네

다시 마음을 비우고
천천히 걸어가니
숲속 선선한 공기로 배를 채우네

옥산 사과길

옥산 마을에 들어서면
다슬기 깔려 있는
맑은 물 흐르고

반디불이 숨어 있는
맑은 산 이어지고
푸른 가을 보이는데

금봉길 지나가면
너른 들판에
사과는 점점 붉어지고

금학길 비탈에도
금봉리 산속에도
오류류 골짜기까지
사과는 점점 붉어지고

녹색 사과

이 길은 사과 길이고
울타리마다 사과 과수원인데

사과밭에 사과는 보이지 않아요
사과는 하나도 보이지 않아요

사과길 바람에 나무잎이 흔들리면
동그란 알맹이들이 드러나는데
녹색 알맹이들이 보여요

아직 녹색이어서
눈에 띄지 않아요

붉은 사과가 되려면
한 달은 지나야 되어요

오류리 골짜기

금봉산 가는 길에
오류리 마을은
맑은 물 맑은 공기에
맑은 사과 자란다고 하는데
가파른 주월산 오르면
북쪽 산줄기 마주하고

가파른 유등재 고개길 내려가면
계곡 사과밭은 푸르게 빛나고

삐쳐서 솟아오른 산비탈 아래
금봉지 물길을 지나가는데
여기에도 청석골 마을이 있네

시들어진 배롱나무

핫 뜨거운 햇빛 받으며
무섭게 타오르더니

끓어오르는 무더위에도
아랑곳없이 피어나더니
하루하루 사그러져가요

서늘한 한밤에
가련할 만큼 시들어져요

서늘한 새벽에
버티지 못하고 시들어가네요

사곡마을 사과길

의성 읍내 지나서
사곡길 고개 넘어가면

한적한 들녘에 사과길 이어지고
어디를 보아도 사과밭 인데

저 앞에 줄지어 막은 산 너머까지
사과길 이어지겠고

그 너머 하늘이 맑게 보이는데
그곳 현서 마을에도
사과길 펼쳐지겠지

옥산 사과밭

사과 고장 주산지라고 하는데
금봉로 큰길을 따라서
곳곳에 사과밭 널려있고

샛길 마을에도
텃밭마다 사과 울타리

가파른 산비탈 깎아서
사과나무 심어 자랐는데

가꾸는 사람들은
어디에도 보이지 않네

언제 수확하는 날에는
여기저기에서 나오겠지

붉은 사과만큼이나
사람들은 붉어지겠지

맑은 옥산

산이 높다고 하고
산이 깊다고 하고

물이 맑다고 하고
물이 깊다고 하지만

여기에 오면
산이 맑다고 하네요
그래서 옥산 이지요

맑은 산 아래
맑은 사과 있어서
옥산 마을 이지요

오류류 느티나무

오류류 마을 느티나무는
세 갈래 기둥으로
온 마을 떠받치는 형상인데

그늘을 드리고 있지만
어르신들 앉아서
이야기하던 흔적 없고

나그네들 들러서
쉬어간 흔적도 없으니

둘레에 다져놓은 자리에는
어설프게 빗질한 자국도 없어요

느티나무 기둥에 이끼 끼고
둘레 자리에도 이끼 끼고

느티나무는 자라나면서
둘레 축대 틈새는 벌어져요

갓골 새들 못골

갓골 올라가면
개울 앞에 느티나무 서 있고
산 아래 초막들은
낮은 토담으로 둘러치고
고개길 넘어가면
보이는 게 사과밭 이지요

새들 따라가면
산언덕 깎아 일구던 밭들이 있지만
이제 할아버지 할머니 손 놓으시니
잡초 우거지고 덮여 있어요

못골 내려가면
작은 웅덩이에 시퍼런 물이 담겨 있어요

그 아래로 구불한 길은 있는데
큰길로 나가려면 진흙과 잡초 밟아야 되요

점곡면 가게 할머니

파란 양철지붕 상점인데
삼거리에 있어요

개사료 판매 쓰였지만 개사료 없어요

냉장고 있지만 아이스크림 없어요

과자는 있지만 없는 과자들이 더 많아요

좁은 실내 한켠에는
나무 조각들 하나하나 깎아서
어울리는대로 모양을 내셨어요

땔나무 하며 주워오기도 하고
쓰러진 고목 줄기를 다듬었어요

미색 벽면에 벽화를 그리셨어요
어린 시절에 보았던 모습을 그리셨어요

자라나는 나무들
피어나는 꽃들
날아가는 새들

삼거리 가게 할머니는
젊은 새댁이 가졌던 꿈을 그리셨어요

작은 저수지들

산골을 지나가다 보면
작은 밭이라도 있으면
그 아래 작은 시내 흐르고

작은 논이라도 있으면
더 아래 작은 냇가 흐르고

작은 산골짜기 파여 있으면
어김없이 웅덩이 고여 있어요

부르는 이름은 없어도
작은 저수지인데
물빛은 깊어 보여요

시든 칡넝쿨

기세등등하여 휘감던 칡넝쿨
갈색으로 시들어가네요

잡목들 꼬아서 오르고
참나무 줄기 감아 조르고
암벽 기어 오르더니

물들지도 못하고
바삭하게 시들어가네요

한껏 혈기 부리더니
시들어서 등걸만 남아요

이제 참나무에 매달리고
잡목 나뭇잎으로 덮이겠어요

물들고 차갑고

가을 들녘은
누런 금빛으로
천천히 물들어가는데

들녘 시내물
차디 차갑고

가을 산지는
붉은 빛으로
천천히 물들어가는데

산지 계곡물
차디 차갑네

기다리는 사과

붉어진 사과는
서두르지 않아요

더 붉어지지는 않더라도
한동안 기다려 보아요

새콤해야 하기에
단맛 들어야 하기에

사과향 나야 하기에
사과잎 물들 때까지
잠시 기다려 보아요